ÖSTERREICHISCHE AKADE
PHILOSOPHISCH-H
SONDERPUBLIKATION DEI

IRANISCHES PERSONENNAMENBUCH

HERAUSGEGEBEN VON
MANFRED MAYRHOFER UND RÜDIGER SCHMITT

BAND V
IRANISCHE NAMEN IN NEBENÜBERLIEFERUNGEN
INDOGERMANISCHER SPRACHEN

FASZIKEL 4:
IRANISCHE NAMEN
IN DEN INDOGERMANISCHEN SPRACHEN
KLEINASIENS
(LYKISCH, LYDISCH, PHRYGISCH)

VON

RÜDIGER SCHMITT

VERLAG DER
ÖSTERREICHISCHEN AKADEMIE DER WISSENSCHAFTEN
WIEN 1982

Vorgelegt von w. M. MANFRED MAYRHOFER in der Sitzung
am 28. April 1982

FASZIKEL 4:

IRANISCHE NAMEN
IN DEN INDOGERMANISCHEN SPRACHEN
KLEINASIENS
(LYKISCH, LYDISCH, PHRYGISCH)

VON

RÜDIGER SCHMITT

INHALTSVERZEICHNIS

MANFRED MAYRHOFER

GELEITWORT ZU IPNB V/4
SOWIE VORLÄUFIGER WERKPLAN DES IPNB

Diese Darstellung ist der zeitlich erste Sonderfaszikel, mit dem das IPNB fortgesetzt wird; bisher lag von ihm nur der von mir verfaßte Gesamtband I (*Die altiranischen Namen*, 1979) vor. Als Begründer und ursprünglicher Alleinherausgeber dieses Unternehmens gestatte ich mir, dem neuen Faszikel ein Wort des Geleites vorauszuschicken.

Mit ihm tritt RÜDIGER SCHMITT — einem von mir beantragten Beschluß der „Iranischen Kommission" unserer Akademie entsprechend — als Mitherausgeber in die Leitung des Namenbuches ein. Zugleich steuert er einen ausgezeichneten Teilband bei, der hoffen läßt, daß mehrere solche Darstellungen aus seiner Feder im Lauf der Jahre folgen werden. Seine Mitherausgeberschaft soll außerdem dem Unternehmen weitere Bearbeiter von Sonderbereichen werben; ferner sind SCHMITTS Jugend und Energie ein Unterpfand für die Betreuung unseres Jahrzehnte-Planes in einer Zukunft, in der mir die Gesetzlichkeit des Lebens keinen Anteil mehr an ihm gewähren wird.

Ein weiterer Grund macht dieses Geleitwort notwendig. In mehreren Sonderpublikationen und Prospekten, vor allem aber auf den Innenseiten der Broschur von IPNB I/1, ist ein „*Vorläufiger Werkplan*" des Namenbuches abgedruckt worden. Wir mußten leider die Erfahrung machen, daß sogar diese Innenseiten der Broschur des Faszikels I/1 von einem Rezensenten dieses Faszikels nicht beachtet worden sind, da dieser später dem Faszikel I/2 den Vorwurf machte, dessen Titel „Die altpersischen Namen" sei irreführend — fehlten doch die altpersischen Namen etwa bei Herodot oder in babylonischen und elamischen Quellen. Im mehrfach veröffentlichten „Vorläufigen Werkplan" wird in aller Deutlichkeit gesagt, daß für solche „Nebenüberlieferungen" altpersischer Namen ganze Bände vorgesehen sind und daß es der erklärten Planung des IPNB entsprach, im Band I nur die in altiranischen Originalliteraturen (Avesta, Achaimeniden-Inschriften) belegten Namen zu bringen. Angesichts der Vergänglichkeit der Einzelfaszikel-Broschurumschläge, die nach Vorliegen des Gesamtbandes durch eine Einbanddecke ersetzt werden, kann ein Rezensent sich noch als entschuldigt betrachten, der seine Leser so oberflächlich unterrichtet; im vorliegenden Faszikel soll der „Vorläufige Werkplan" jedoch innerhalb des bleibenden Textes abgedruckt werden, und wir behalten uns vor, einen verbesserten Werkplan eines Tages einem späteren Band oder Faszikel einzufügen. Wer ihn jetzt immer noch nicht beachtet, muß sich Georg Christoph Lichtenbergs Frage gefallen lassen, „was es schaden kann, wenn man das Buch lieset, das man rezensieren soll".

So schließt sich der „Vorläufige Werkplan" unmittelbar diesen Geleitworten an.

*

IRANISCHES PERSONENNAMENBUCH

Herausgegeben von

MANFRED MAYRHOFER und RÜDIGER SCHMITT

Sonderpublikation der Iranischen Kommission

VORLÄUFIGER WERKPLAN

Dieser Werkplan (Stand: Frühjahr 1982) ist nicht definitiv; er soll vor allem als Diskussionsgrundlage verstanden werden. — Durch einen nachgestellten Asterisk (*) werden die Titel kenntlich gemacht, für die schon eine Bearbeitung zugesagt ist.

A. NAMEN IN IRANISCHEN ORIGINAL-ÜBERLIEFERUNGEN

Band I: *Die altiranischen Namen*

Faszikel 1: *Die avestischen Namen.* Von M. MAYRHOFER. 1977
114 Seiten, Oktav, broschiert

öS 240,—; DM 40,—

Faszikel 2: *Die altpersischen Namen*;

Faszikel 3: *Indices zum Gesamtband.* Von M. MAYRHOFER. 1979
zusammen 66 Seiten, Oktav, broschiert

öS 140,—; DM 20,—

Faszikel 1, 2 und 3 in einem Band [1979], 184 Seiten, Oktav, Leinen

öS 420,—; DM 60,—

Einbanddecke zu den broschierten Ausgaben Faszikel 1 bis 3 (samt Inhaltsverzeichnis zu Band I)

öS 70,—; DM 10,—

Band II: MITTELIRANISCHE PERSONENNAMEN

Faszikel 1: Namen in der manichäisch-mittelpersischen Überlieferung*

Faszikel 2: Namen auf den mittelpersischen Inschriften*

Faszikel 3: Namen in der zoroastrisch-mittelpersischen Literatur*

Faszikel 4: Namen in der manichäisch-parthischen Überlieferung*

Faszikel 5: Namen auf den parthischen Inschriften

Faszikel 6: Die khotansakischen Namen*

Faszikel 7: Die baktrischen, chionitischen und hephthalitischen Namen

Restliches ist noch nicht vergeben.

Band III: NEUIRANISCHE PERSONENNAMEN

Faszikel 1: Die neupersischen Namen

Faszikel 2: Die kurdischen Namen

Faszikel 3: Die ossetischen Namen*

Faszikel 4 ff.: Namen in den restlichen neuiranischen Sprachen

B. Band IV: MATERIALGRUNDLAGEN ZU DEN IRANISCHEN PERSONENNAMEN AUF ANTIKEN MÜNZEN*

C. IRANISCHE PERSONENNAMEN IN „NEBEN-ÜBERLIEFERUNGEN"

Band V: IRANISCHE NAMEN IN NEBEN-ÜBERLIEFERUNGEN INDOGERMANISCHER SPRACHEN

Faszikel 1: Iranische Namen in der indoarischen Nebenüberlieferung*

Faszikel 2: Iranische Namen in der tocharischen Nebenüberlieferung*

Faszikel 3a: Iranische Namen in der armenischen Nebenüberlieferung (bis zum Ende der Sasanidenzeit)*

Faszikel 4: *Iranische Namen in den indogermanischen Sprachen Kleinasiens (Lykisch, Lydisch, Phrygisch).* Von R. Schmitt. 1982 (Vorliegender Faszikel)

Faszikel 5a: Iranische Namen in der griechischen Literatur vor Alexander d. Gr.*

Faszikel 5b ff.: Iranische Namen in sonstigen griechischen Quellen [Teilzusage]

Faszikel 6: Iranische Namen auf den griechischen Inschriften Kleinasiens*

Faszikel 7: Iranische Namen in der lateinischen Nebenüberlieferung

Faszikel 8: Skythisch-sarmatisch-alanische Namen der Nebenüberlieferungen*

Faszikel 9: Iranische Namen in der slavischen Nebenüberlieferung

Band VI: IRANISCHE NAMEN IN ELAMISCHER NEBEN-ÜBERLIEFERUNG

Band VII: IRANISCHE NAMEN IN SEMITISCHEN NEBEN-ÜBERLIEFERUNGEN

Faszikel 1a: Iranische Namen in neu- und spätbabylonischer Nebenüberlieferung*

Faszikel 1b: Iranische Namen in neuassyrischer Nebenüberlieferung*

Faszikel 2: Iranische Namen im Alten Testament*

Faszikel 3: Iranische Namen in aramäischer Nebenüberlieferung (außerhalb des AT) [Teilzusage]

Nicht eingereiht und noch nicht vergeben sind Faszikel zur syrischen, mandäischen und arabischen Nebenüberlieferung sowie zu vereinzelten iranischen Namen in sonstigen semitischen Überlieferungen.

Band VIII: IRANISCHE NAMEN IN ÄGYPTISCHEN NEBEN-ÜBERLIEFERUNGEN*

Band IX: IRANISCHE NAMEN IN SONSTIGEN NEBEN-ÜBERLIEFERUNGEN [z. B. Chinesisch, Tibetisch, Uigurisch, Osmanisch, kaukasische Sprachen (v. a. Georgisch), Protobulgarisch; iranische Namen bei den Hunnen. — Hinweise auf entlegenere Bereiche von iranischer Nebenüberlieferung sind erwünscht.]

D. Band X: INDEX [Zusammenschau]

„Die eigentliche linguistische Ernte des großen Unternehmens wird dieser Schlußband sein"

(Onoma 17 [1972/73] 236).

VORBEMERKUNGEN

Amicis Austriacis
Aenipontanis
ac imprimis
Vindobonensibus

Vorliegender Faszikel V/4, der die iranischen Personennamen in den indogermanischen Sprachen Kleinasiens (Lykisch, Lydisch, Phrygisch) zusammenstellt, ist der erste Teil dieses *Iranischen Personennamenbuches (IPNB)*, der der sogenannten Nebenüberlieferung iranischen Namengutes gewidmet ist. Die Ausgestaltung der Lemmata schließt sich prinzipiell dem Muster von *IPNB* I mit der dreifachen Untergliederung in

B = Belegstellenangabe,
P = Prosopographie und
D = sprachliche Deutung

an, jedoch dahingehend abgewandelt, daß der Abschnitt **D** normalerweise einen Rekonstruktionsansatz der iranischen Ausgangsform enthält. Dabei sind Lemmata, deren anthroponomastische Realität oder deren iranische Herkunft im ungewissen bleibt, in eckige Klammern [. . .] gesetzt worden.

Die Reihenfolge entspricht der des lateinischen Abc; dabei werden Sonderzeichen jeweils an der traditionell üblichen Stelle eingefügt; relevant war dies aber nur im Falle des Lykischen, wo ich Mør-Neum 32 f. folgte.

Die Belegstellenangabe geht von den verfügbaren Textsammlungen aus; sie folgt demnach für

Lykisch: TL, N, M (nach TAM I; Neum, Neuf bzw. Mør-Neum),
Lydisch: G (nach Gusm, *LW* 249 ff., bzw. Gusm, *LWE*) und
Phrygisch: A, C (nach Neroz, *PBJ* 71 ff. bzw. 122 ff., worin gegenwärtig das vollständigste Textcorpus vorliegt).

Zu den prosopographischen Abschnitten (v. a. des lykischen Teils) ist zu bemerken, daß bei zahlreichen ‚Irano-Lykiern' viele Fragen bis heute unbeantwortet sind, nicht zuletzt auch die, wieso diese Dynasten in verschiedenen Städten Münzen prägten und in welcher Beziehung diese verschiedenen Dynasten zueinander standen; vgl. neuerdings auch Chi, *AnatS* 31 (1981) 66 und passim.

Für Hinweise auf Literatur und Inedita sowie für Hilfe bei der Klärung von Einzelfragen bin ich Claude Brixhe (für das Phrygische), Roberto Gusmani (für das Lydische), ganz besonders aber Günter Neumann (für das Lykische) zu herzlichem Dank verpflichtet.

Saarbrücken, April 1982   Rüdiger Schmitt

ABKÜRZUNGSVERZEICHNIS

Befolgt wird im wesentlichen das in *IPNB* I eingeführte und für das Gesamtwerk maßgebende System von Siglen; solche Abkürzungen, die nur *-isch* weglassen, sowie im Deutschen (gemäß Duden) gebräuchliche Abkürzungen werden nicht verzeichnet.

A	aphr. Inschrift (nach Neroz, *PBJ* 71 ff.)
A.	Anmerkung(en)
aav.	altavestisch (gāϑisch)
Absg.	Ablativus singularis
AcArch	*Acta Archaeologica.* København
AcIr	*Acta Iranica. Encyclopédie permanente des études iraniennes.* Téhéran-Liège-Leiden [jetzt nur Leiden]
äg.	ägyptisch
aia.	altindoarisch
AION	*Istituto Orientale di Napoli. Annali, Sezione linguistica.* Napoli
airan.	altiranisch
AnatS	*Anatolian Studies.* London
AÖAW	*Anzeiger der Österreichischen Akademie der Wissenschaften. Phil.-hist. Klasse.* Wien
AOS	*American Oriental Series.* New Haven, Conn.
ap.	altpersisch
aphr.	altphrygisch
aram.	aramäisch
ArOr	*Archiv Orientální.* Praha
Asg.	Accusativus singularis
ASNP	*Annali della Scuola Normale Superiore di Pisa. Classe di lettere e filosofia.* Serie III. Pisa
av.	avestisch
bab.	babylonisch
BalkE	*Balkansko ezikoznanie./Linguistique balkanique.* Sofia
Balt	*Baltistica. II priedas.* Vilnius 1977
Benv, *Tit*	E. Benveniste, *Titres et noms propres en Iranien ancien.* Paris 1966
BNF [N. F.]	*Beiträge zur Namenforschung.* [Neue Folge]. Heidelberg
Bog	M. N. Bogoljubov
Bous	J. Bousquet
Brd	W. Brandenstein
C	nphr. Inschrift (nach Neroz, *PBJ* 122 ff.)
Carr	O. Carruba
Chi	W. A. P. Childs

CRAI   *Comptes Rendus de l'Académie des Inscriptions et Belles-Lettres.* Paris

D'JAK   I. M. D'JAKONOV

DLsg.   Dativus-Locativus singularis

DÖAW   *Denkschriften der Österreichischen Akademie der Wissenschaften. Phil.-hist. Klasse.* Wien

Dsg.   Dativus singularis

ÉtMithr   *Études Mithriaques. Actes du 2e Congrès International Téhéran, du 1er au 8 septembre 1975.* [*AcIr* 17]. Leiden-Téhéran-Liège 1978

f.   feminin, Femininum

FdX   *Fouilles de Xanthos.* Paris

FsAttisani   *Umanità e storia. Scritti in onore di Adelchi Attisani.* I—II. Napoli 1971

FsLeroy   *Recherches de Linguistique. Hommage à Maurice Leroy.* Bruxelles 1980

FsMeriggi   *Studia Mediterranea Piero Meriggi dicata.* I—II. Pavia 1979

FsNeumann   Serta Indogermanica. Festschrift für Günter Neumann. [*IBS* 40]. Innsbruck 1982 [nur SCHM, S. 373—388]

FsPedersen   *Mélanges linguistiques offerts à M. Holger Pedersen.* Aarhus 1937

FsRypka   *Charisteria Orientalia praecipue ad Persiam pertinentia.* [Ioanni Rypka . . . sacrum]. Praha 1956

FsThompson   *Greek Numismatics and Archaeology. Essays in Honor of Margaret Thompson.* Wetteren 1979

G   lyd. Inschrift (nach GUSM, *LW* 249 ff. bzw. GUSM, *LWE*)

GIGN   PH. GIGNOUX

GN   Gottesname(n)

Gpl.   Genetivus pluralis

gr.   griechisch

Gsg.   Genetivus singularis

GsNyberg   *Monumentum H. S. Nyberg.* I—IV. [*AcIr* 4—7]. Leiden-Téhéran-Liège 1975

GUSM   R. GUSMANI

GUSM, *LW*   R. GUSMANI, *Lydisches Wörterbuch. Mit grammatischer Skizze und Inschriftensammlung.* Heidelberg 1964

GUSM, *LWE*   R. GUSMANI, *Lydisches Wörterbuch. Mit grammatischer Skizze und Inschriftensammlung. Ergänzungsband.* Lieferung 1. Heidelberg 1980

GUSM, *NESS*   R. GUSMANI, *Neue epichorische Schriftzeugnisse aus Sardis (1958—1971).* Cambridge, Mass. 1975

HAAS   O. HAAS

HAAS, *Phr*   O. HAAS, *Die phrygischen Sprachdenkmäler.* [*BalkE* 10]. Sofia 1966

HbO   *Handbuch der Orientalistik.* Leiden/Köln

HEN   W. B. HENNING

HEUB   A. HEUBECK

HINZ, NÜ	W. HINZ, *Altiranisches Sprachgut der Nebenüberlieferungen.* Wiesbaden 1975
HOUW	PH. H. J. HOUWINK TEN CATE, *The Luwian Population Groups of Lycia and Cilicia aspera during the Hellenistic Period.* Leiden 1961 [Nachdruck 1965]
HURT	S. HURTER
IBS	*Innsbrucker Beiträge zur Sprachwissenschaft.* Innsbruck
InL	*Incontri Linguistici.* Trieste
IPNB	*Iranisches Personennamenbuch.* Herausgegeben von M. MAYRHOFER (und R. SCHMITT). Wien 1979 ff.
IzvAN	*Izvestija Akademii Nauk SSSR. Serija literatury i jazyka.* Moskva
jav.	jungavestisch
JDAI	*Jahrbuch des Deutschen Archäologischen Instituts.* Berlin
Kadmos	*Kadmos. Zeitschrift für vor- und frühgriechische Epigraphik.* Berlin/New York
KEL	J. KELLENS
KENT	R. G. KENT, *Old Persian. Grammar, Texts, Lexicon.* [*AOS* 33]. 2nd edition. New Haven, Conn. 1953
KLI	G. KLINGENSCHMITT
KZ	[Kuhns] *Zeitschrift für Vergleichende Sprachforschung.* Göttingen
LAR	E. LAROCHE
LEJ	M. LEJEUNE
LEWIS	D. M. LEWIS, *Sparta and Persia.* Leiden 1977
Lit.	Literatur
M	lyk. Münzlegende [M = *moneta*] (nach MØR-NEUM)
MASS	O. MASSON
MDAI-A	*Mitteilungen des Deutschen Archäologischen Instituts. Athenische Abteilung.* Berlin
MER	P. MERIGGI
MH	M. MAYRHOFER
MH, OnP	M. MAYRHOFER, *Onomastica Persepolitana. Das altiranische Namengut der Persepolis-Täfelchen.* [*SbÖAW* 286]. Wien 1973
MØR	O. MØRKHOLM
MØR-NEUM	O. MØRKHOLM und G. NEUMANN, *Die lykischen Münzlegenden.* [*NAWG* 1978, 1]. Göttingen 1978
MØR-ZAH	O. MØRKHOLM - J. ZAHLE
MORG	G. MORGENSTIERNE, *An Etymological Vocabulary of Pashto.* Oslo 1927
mp.	mittelpersisch
MSS	*Münchener Studien zur Sprachwissenschaft.* München
N	lyk. Inschrift [N = *nova*] (nach NEUM, *Neuf*)
NAntr.	Nominativus-Accusativus neutrius generis
NAWG	*Nachrichten der Akademie der Wissenschaften in Göttingen. Phil.-hist. Klasse.* Göttingen

NB	F. JUSTI, *Iranisches Namenbuch.* Marburg 1895 [Nachdruck Hildesheim 1963]
NC	*The Numismatic Chronicle.* London
Ncomm.	Nominativus communis generis
NEROZ	V. P. NEROZNAK
NEROZ, *PBJ*	V. P. NEROZNAK, *Paleobalkanskie jazyki.* Moskva 1978
NEUM	G. NEUMANN
NEUM, *Neuf*	G. NEUMANN, *Neufunde lykischer Inschriften seit 1901.* [*DÖAW* 135]. Wien 1979
nphr.	neuphrygisch
N. pr.	Nomen proprium
Nsg.	Nominativus singularis
NÜ	Nebenüberlieferung
OA	*Oriens Antiquus. Rivista del Centro per le antichità e la storia dell'arte del Vicino Oriente.* Roma
OLÇ	N. OLÇAY
ON	Ortsname(n)
Onoma	*Onoma. Bibliographical and Information Bulletin.* Leuven
Poss.	Possessivum
RE [Suppl.]	*Paulys Real-Encyclopädie der classischen Altertumswissenschaft.* Neue Bearbeitung. [Einschl. Supplementbänden]. Stuttgart [zuletzt München] 1893—1980
SbÖAW	*Sitzungsberichte der Österreichischen Akademie der Wissenschaften. Phil.-hist. Klasse.* Wien
SCHM	R.[ÜDIGER] SCHMITT
SCHM, *Aisch*	R. SCHMITT, *Die Iranier-Namen bei Aischylos* [*Iranica Graeca Vetustiora.* I]. [*SbÖAW* 337]. Wien 1978
ŠEV	V. V. ŠEVOROŠKIN
SHAHB	A. SH. SHAHBAZI, *The Irano-Lycian Monuments. The principal antiquities of Xanthos and its region as evidence for Iranian aspects of Achaemenid Lycia.* Persepolis 1975
SMEA	*Studi Micenei ed Egeo-anatolici.* Roma
Spr	*Die Sprache. Zeitschrift für Sprachwissenschaft.* Wien
SUNDW	J. SUNDWALL, *Die einheimischen Namen der Lykier. Nebst einem Verzeichnis kleinasiatischer Namenstämme.* Leipzig 1913 [Neudruck Aalen 1963]
TAM I	*Tituli Asiae Minoris. Volumen* I: *Tituli Lyciae lingua Lycia conscripti. Enarravit E. Kalinka.* Vindobonae 1901
TL	lyk. Inschrift (nach *TAM* I)
WZKM	*Wiener Zeitschrift für die Kunde des Morgenlandes.* Wien
ZAH	J. ZAHLE
ZGU	L. ZGUSTA
ZGU, *KPN*	L. ZGUSTA, *Kleinasiatische Personennamen.* Prag 1964
Zl.	Zeile
ZWANZ	R. ZWANZIGER, *Studien zur Nebenüberlieferung iranischer Personennamen in den griechischen Inschriften Kleinasiens. Ein Beitrag zu dem neuen Iranischen Namenbuch.* Phil. Diss. Wien 1973 [maschinenschriftlich]

IRANISCHE NAMEN IM LYKISCHEN

1. [lyk. **Apññātama-** m.: **B** °*ma* Nsg., TL 87, 2 (Myra); °*ma* Nsg., N 301 (oberägyptische Min-Statuette*). — **P** Erbauer des Felsgrabes mit der Inschrift TL 87 in Myra. — **D** Der Versuch von KEL, *Onoma* 24 (1980) 264, das im hethit.-luw. Bereich isolierte N. pr. mit iran. *āpā-natama-* (jav. *apanō.təma-* „qui a le mieux atteint le but") zu verknüpfen, bleibt hypothetisch].

2. lyk., ‚lyk. B' **Arppaχu-** m.: **B** °*uh* Gsg., TL 44a, 30 (Xanthos); darnach ergänzt *[A]rppaχuh* Gsg., TL 44a, 1 f.; °*uhe* Gsg., TL 77, 2b (Çindam bei Phellos); N 310, 4 (Phellos); ‚lyk. B' °*us* Gsg., TL 44c, 57 f. (Xanthos). — **P** Harpagos (= gr. Ἅρπαγος in dem gr. Epigramm der Xanthos-Stele TL 44c, 24), Vater des Errichters der Stele, der ebendort das N. pr. Γέργις trägt (zu der Frage der nicht erhaltenen lyk. Entsprechung vgl. zuletzt v. a. CHI, *AnatS* 29 [1979] 97—102); zu den weiteren Verwandtschaftsrelationen vgl. MØR-ZAH, *AcArch* 47 (1976) 87ab. Dieser Harpagos ist wahrscheinlich (vgl. ausführlich SHAHB 44—46) ein Nachfahre des med. Feldherrn Ἅρπαγος (s. u.), der unter Kyros Lykien und insbesondere Xanthos erobert hatte (Herodot 1, 176; zur Datierung vgl. jüngst CHI, *AnatS* 31 [1981] 55); des weiteren ist er wohl identisch mit dem in den Grabinschriften TL 77 und N 310 in der Datierungsformel *ēnē Arppaχuhe χñtawata* „unter der Regierung des Harpagos" genannten und in Zentrallykien mächtigen lokalen Herrscher (CHI, *AnatS* 31 [1981] 60 A. 25: „date unknown but roughly 440?"; ZAH, *JDAI* 94 [1979] 287 datiert, ausgehend von dem Spätansatz ca. 380 v. Chr. für die Xanthos-Stele, deshalb das Çindam-Grab „auf spätestens etwa 400 v. Chr."; anders LAR, *FdX* 6 [1979] 104 A. 11, dem zufolge Harpagos „n'a pas régné, puisqu'il n'a pas frappé monnaie" und der deshalb mit „un autre satrape homonyme" rechnet). — **D** Wiedergabe von airan. **Arba-ka-* (Hypokoristikon wohl zu einem mit airan. **arba-* = aia. *arbha-* „klein, jung" komponierten N. pr.) wie gr. Ἀρβάκης (Ktesias, Xenophon [ohne Personengleichheit mit Ἅρπαγος]), bab. *Ar-ba-ka* usw.,

---

* NEUM, *Neuf* 12 f. macht wahrscheinlich, daß jedenfalls für die Inschrift N 301 (die nur aus anderweitig bekannten Formen besteht) eine moderne Fälschung durch einen ‚faussaire érudit' anzunehmen ist.

mit volksetymologischer Eindeutung auch gr. ῞Αρπαγος: vgl. zuletzt
Schm, *FsNeumann* 377 f.; ebendort auch zu der Frage einer Abhängig-
keit der lyk. von der volksetymologisch umgedeuteten gr. Namensform.

3. lyk. **Arssãma-** m.: **B** °*ma* Nsg., N 318a (nur teilweise publizierte
Steininschrift aus dem Letoon bei Xanthos). — **P** Dedikant einer (noch
unbekannten) Weihung, offenbar ein Perser (Lar, *Kadmos* 13 [1974] 83
„un Perse"; Lar, *FdX* 5 [1974] 138 „autre nom perse"). — **D** Exakte
Wiedergabe von ap. *A-r-š-a-m-* = *R̥šāma-* „Heldenkraft habend"
(*IPNB* I, II/12 Nr. 7; vgl. seitdem Schm, *FsNeumann* 375) wie elam.
Ir-šá-um-ma, gr. ᾿Αρσάμης usw.; fern bleibt *Urssm̃e-* (**23**).

4. lyk. **Arttum̃para-** m.: **B** °*ra* Nsg., TL 11, 3 (Sarkophag aus Pinara);
°*ra* Nsg., TL 29, 7 (Sarkophag aus Tlos); °*rã* Asg., TL 104b, 3 (Limyra);
°*r* (Abkürzung in Münzlegende); möglicherweise zu ergänzen *A[rttum̃pa]-*
rah Gsg., TL 40c, 2 f. (Xanthos, Payawa-Sarkophag; nach Carr, *Spr* 24
[1978] 176 A. 41); für weitere numismatische Belege mit graphischen
Varianten *Artum̃/ñpara-* s. **5, 6**. — **P** Lykischer Dynast mit iranischem
Namen Artembares, den auch verschiedene andere aus gr. Quellen be-
kannte Meder und Perser tragen, und wohl auch iranischer Abstammung
(vgl. TL 29, 7 *Arttum̃para Mede(-se)* „A., der Meder"); er war offenbar
ein bedeutender Mann, da er in dem historischen Text TL 29 zwischen
dem karischen Satrapen Idrieus (lyk. *Edrijeus-*, Zl. 5) und dem Make-
donen Alexander (lyk. *Alaχssa[ñ]tra*, Zl. 9) genannt wird, und dürfte
in den 370er und 360er Jahren im Westteil Lykiens (Xanthos-Tal, Tlos,
Pinara, Telmessos)* regiert haben, wo er eifrig Münzen geprägt hat;
während des ‚Großen Satrapenaufstandes' soll er von Autophradates (**26**)
nach Pamphylien gegen Datames gesandt worden sein (vgl. die vielleicht
in Side geprägte Münze mit seinem Namen, M 302: s. **6**); nach TL 104b
unterlag er schließlich aber dem mächtigen Herrscher Ostlykiens Peri-
kles**, vielleicht bei Telmessos (wo dann eventuell seine Residenz an-
zunehmen wäre), da nach Theopomp (FGH 115 F 103, 17) βασιλεὺς
Περικλῆς gegen diese Stadt siegreich gewesen sein soll. Vgl. Houw

---

* TL 11, 2 f. *Trm̃misñ χñtewete ter[i?] Arttum̃para* heißt etwa „Artem-
barès a régné sur la Lycie" (so Lar, *FdX* 6 [1979] 105 A. 15) oder „als
(*ter[i]*; vgl. Carr, *Spr* 24 [1978] 176) Artembares als χñtawata (= βασιλεύς)
Lykien beherrschte"; eine entsprechende Ergänzung erwägen Carr, *SMEA*
18 (1977) 280 und Heub, *FsMeriggi* 256 f. mit A. 42 für (die fehlende Datie-
rung in) TL 26, 2 *Trm̃misñ χñtawaṭ[...]!*

** TL 104b, 2—3 *ẽke ese Perikle tebẽṭe Arttum̃parã* „(etwa:) als P. (oder:
als er mit P.) den A. geschlagen/besiegt hatte".

10—12; CHI, *AnatS* 31 (1981) 73 f., 76 f. — D Exakte Wiedergabe von airan. **R̥tam-bara-* „die Wahrheit tragend/bringend" wie gr. 'Αρτεμβάρης u. a. (vgl. zuletzt ausführlich SCHM, *Aisch* 36 f.; *FsNeumann* 378).

Die gelegentlich vorgeschlagene Alternativdeutung als **R̥tam-para-* „die Wahrheit fördernd" erhält aus dem Lyk. keine Stütze (da dort im Falle von Verschlußlauten nach m̃, ñ nur Zeichen für stimmlose Verschlußlaute geschrieben werden); im übrigen vgl. SCHM, *Aisch* 36 f.

5. lyk. **Artum̃para-** m.: **B** °*ra* Nsg., M 231 b (Münzlegende); °*rahe* Gsg., M 231 a (Münzlegende). — **P, D** Graphische Variante zu *Arttum̃para-* (**4**).

6. lyk. **Artuñpara-** m.: **B** °*ri* Nsg.* (?, „vielleicht Lykisierung des persischen PN" nach MØR-NEUM 27), M 231 c (Münzlegende); *[Artu]ñpara* Nsg., M 302 (Münzlegende einer vielleicht sidetischen Prägung). — **P, D** Graphische Variante (die der gewöhnlichen Zeichendistribution zuwiderläuft) zu *Arttum̃para-* (**4**).

7. [lyk. **Aruwãtijesi-** m.: **B** °*si* Nsg., TL 44 b, 18 (Xanthos); *Aruwãt[...* TL 44 b, 41; °*si* Nsg., M 137 a—c (Münzlegenden); *Aru* M 137 d (Abkürzung in Münzlegende); °*si* Nsg., M 239 (Münzlegende). — **P** Ca. 380—370 v. Chr. Dynast von Telmessos, aufgrund von Stempelkopplungen nachweislich als Nachfolger von *Erbbina* (**10**); vgl. MØR-ZAH, *AcArch* 47 (1976) 59 b; CHI, *AnatS* 31 (1981) 72 f. — **D** Der völlig unklare Kontext der inschriftlichen Belege vermag nicht einmal die (aufgrund der numismatischen Bezeugung plausible) Auffassung als N. pr. zu sichern; die frühere Verbindung mit dem N. pr. iranischer Herkunft 'Αρυάνδης ist gescheitert (vgl. zuletzt, kritisch, SCHM, *FsNeumann* 385); Erklärungen aus hethit.-luw. Sprachmaterial verdienen den Vorzug, v. a. die von NEUM, *KZ* 92 (1978) 127].

8. [lyk. **Ddenewele-** m.: **B** °*le* Nsg., M 232 a; verkürzt *Ddene* M 232 b, *Dde* M 232 c; weitere Belege für *Ddenewele, Ddenewel, Ddene* bei HURT, *FsThompson* 101—103; vgl. ferner die graphische Variante *Ddẽnewele-* (**9**). — **P** Lykischer Dynast, der offenbar ca. 400—390 in Xanthos (?) und Telmessos Münzen geprägt hat, sonst aber gänzlich unbekannt ist; aufgrund von Stempelkopplungen Vorgänger des *Erbbina* (**10**) in Telmessos (vgl. MØR-ZAH, *AcArch* 47 [1976] 56 b, 59 a b). — **D** Die früher

---

* Die Interpretation der Form als Dsg. bei MER, *SMEA* 22 (1980) 216 (vgl. aber A. 3: „è dubbio") paßt nicht für ein N. pr. in einer Münzlegende.

ungesicherte Auffassung der Form als N. pr. (zurückhaltend noch Mør-
Neum 27) scheint jetzt durch stilistische Stempelvergleiche gestützt
werden zu können; der Name wird „offenbar willkürlich" (Hurt,
FsThompson 102) *Dden°* oder *Ddēn°* geschrieben; hypothetische iranisti-
sche Vermutungen von *NB* 487 (ohne genaue Begründung) und Shahb
151 (airan. **daina-vara-* [?] „guardian of the faith", sonst ohne Stütze)
haben gegenüber epichorisch-kleinasiatischen Verbindungen zurückzu-
treten (vgl. Schm, *FsNeumann* 385 f. unter Hinweis auf Sundw 6, 67,
242)].

9. [lyk. **Ddēnewele-** m.: **B** *°le* Nsg., M 232 d; weitere Belege für
Ddēnewele, Ddēnewel, Ddēne bei Hurt, *FsThompson* 101—103. —
P, D Graphische Variante des nicht-iranischen Dynastennamens *Ddene-*
wele- (**8**)].

10. lyk. **Erbbina-** m.: **B** *°na* Nsg., M 238 a—c (Münzlegenden, zum
Teil auf Telmessos lokalisierbar; weitere Belege dafür bei Hurt,
FsThompson 103—105); *°nahe* Gsg., TL 44 a, 25 (Xanthos-Stele; *ñtewē*
Erbbinahe nach Lar, *FdX* 6 [1979] 90 „envers ceux (?) d'Arbinas");
[Erb]bina(-j-ēne) Nsg., N 311, 1 (Letoon bei Xanthos); *Erb[bina]* Nsg.
(unpublizierte Inschrift „Arbinas II", Zl. 3; vgl. Lar, *FdX* 6 [1979] 71);
zu ‚lyk. B' *Rbbinezis* s. dort (**20**). — **P** Lykischer Dynast Arbinas (gr.
Ἀρβίνας), Sohn des Xeriga (gr. Γέργις) und der Upẽni (N 311)*, wahr-
scheinlich Enkel des *Arppaχu/*Ἅρπαγος (**2**); aufgrund von Stempel-
kopplungen als Nachfolger des *Ddenewele* (**8**) bzw. *Ddēnewele* (**9**) (s. Mør-
Zah, *AcArch* 47 [1976] 59 a b; Hurt, *FsThompson* 104) und ebenso als
Vorgänger des *Aruwãtijesi* (**7**) in Telmessos nachweisbar (s. Mør-Zah
a. a. O.), wo er folglich ca. 390—380 v. Chr. Münzen geprägt hat. Er ist
der Dedikant einer der Artemis gewidmeten Weihung (wohl einer
Statue; ca. 400?) mit quasi-bilingualer Inschrift (N 311 und gr. Epi-
gramm bei Bous, *CRAI* 1975, 141 f.) sowie einer der Leto geweihten
Stele mit gr. Epigramm (Bous a. a. O. 143 ff.); aus chronologischen
Gründen wird das sog. ‚Nereiden-Monument' aus Xanthos als sein Grab
interpretiert (s. zuletzt Chi, *AnatS* 31 [1981] 71 mit A. 99). Insgesamt
vgl. v. a. Bous, *CRAI* 1975, 138—148 („Arbinas, fils de Gergis, dynaste
de Xanthos"); Chi a. a. O. 71 f. — **D** Wie gr. Ἀρβίνας, inschriftlich (im
römischen Sidyma) auch Ἀρβιννας nicht epichorisch-kleinasiatisch, wie

---

* Überholt sind die ersten Publikationen einer Lesung und Interpreta-
tion der Genealogie („Nachfahre [?] des Kuprlli" statt Muttername) bei
Mør-Zah, *AcArch* 43 (1972) 112 a; Bous, *CRAI* 1975, 141 usw.

noch ZGU, *KPN* 88 § 85–4; 166 § 348–2 annahm, sondern Wiedergabe von airan. **Arb-ina-*, Hypokoristikon zu iran. **arba-* „klein, jung" (vgl., mit anderem Kosesuffix, airan. **Arbaka-*, **2**), das auch in elam. *Ḫar-be-na* vorliegt: s. ausführlich SCHM, *Spr* 24 (1978) 47—51 (mit älterer Lit.); *FsNeumann* 378 f.

Offen bleibt dabei die Frage, worin die verschiedenartige lyk. Wiedergabe der beiden danach etymologisch engstens verwandten Namen *Erbbina* und *Arppaχu* (**2**) begründet ist. — Auf der Münze M 238c stehen im Feld zwei Zeichen, die wahrscheinlich die karischen Buchstaben *er* darstellen und hinter denen, mit anderen, MASS, *Kadmos* 13 (1974) 127—130 eine Abkürzung des N. pr. *Erbbina* vermutet.

11. lyk. Erijamãna- m.: **B** °*na* Nsg., TL 44c, 12 (Xanthos-Stele). — **P** An der einzigen Belegstelle TL 44c, 11 f. *Kizzaprñna Widrñnah sew-Erijamãna telēzijehi* ist Erijamãna mit dem Namen des Tissaphernes (**14**) mittels *se-we* „und" koordiniert und mit dem Titel eines *telē-zij-ehi* (?), vielleicht „général, officier" (so LAR, *FdX* 5 [1974] 138), geschmückt; bei Thukydides 8, 58, 1 tritt er unter dem Namen Hieramenes/Ἱεραμένης (s. u.) in ganz unklarer Funktion neben dem Satrapen Tissaphernes und den Pharnakes-Söhnen als Mitunterzeichner des dritten Peloponnesisch-Persischen Vertrags von 411 (Jahr 13 Dareios' II.) auf. Die Identifizierung mit dem gleichnamigen Gatten einer Schwester Dareios' II. ([Ps.-]Xenophon, *Hellenika* 2, 1, 9) liegt nahe. Vgl. [U.] KAHRSTEDT, *RE* VIII/2 (1913) 1403. — **D** Genaue Wiedergabe von airan. **Aryamanā* (Stamm °*nah-*) „arischen Sinnes" wie elam. *Ḫar-ri-ma-na*, gr. Ἀριαμένης (Plutarch) und Ἱεραμένης (s. o.), dies vielleicht ‚in lykischer Brechung' (vgl. neuerdings HINZ, *NÜ* 40; SCHM, *FsNeumann* 379; dort auch zu einer verfehlten Interpretation von Ἱεραμένης).

12. lyk. Ertaχssiraza- m.: **B** °*zahe* Gsg., TL 44b, 59 f. (Xanthos). — **P** Thronname Artaxerxes durch den in ansonsten nicht ganz klarem Kontext unmittelbar vorangehenden Dareios-Namen (**19**) gesichert: *Ñtarijeusehe se-j-Ertaχssiṛazahe* „des D. und des A."; die Identifizierung als Artaxerxes II. (405/4—359/8 v. Chr.; vgl. *IPNB* I, II/14 Nr. 12) ist wegen des Gesamtzusammenhanges der um 400 datierten Trilingue und der Schilderung von Ereignissen des Dekeleischen Krieges und des Amorges-Aufstandes von 413/2 (vgl. **13**, **22**) sicher. — **D** Nicht Wiedergabe von ap. *A-r-t-x-š-ç-* = *Ṛtaxšaça-* „(etwa:) dessen Herrschaft/Reich sich auf die Wahrheit gründet" (*IPNB* I, II/13 Nr. 11) wie lyd. *Arta-kśassa-* (s. dort) u. a., sondern nach SCHM, *FsNeumann* 375 am ehesten Kreuzung aus unbelegtem **Ertaχssaza-* (das ap. *Ṛtaxšaça-* genau widerspiegelte) und gleichfalls unbelegtem *Ertaχssira-, das als zweistämmiger Kosename airan. *R̥ta-xš-ira- zu jenem Vollnamen (Schm, InL 5 [1979 (1980)] 71 f.) und als Vorläufer von mp. Artaxšīr, Ardašīr zu verstehen ist.

13. lyk. **Humrχχa-** m.: **B** °χχã Asg., TL 44a, 55 (Xanthos). — **P** Amorges (Ἀμόργης), Sohn des Satrapen Pissouthnes (Πισσούθνης), der 413 in Karien vom Großkönig abfiel und im Spätsommer 412 bei Iasos von den Peloponnesiern und Tissaphernes (**14**) gefangengenommen wurde (vgl. Thukydides 8, 5, 5; 28, 2—5); wenn in TL 44a der Textzusammenhang auch im einzelnen nicht festzustellen ist (nur Zl. 54 f. zχχãna terñ ese Humrχχã etwa ,,zu schlagen das Heer mit [= und] H.''), so erlauben doch die erkennbaren Namen terñ ijãnã ,,das ionische Heer'' (Zl. 52), Ijaeusas = Ἴασος (oder Ἰάλυσος?; ebenda), Mukale = Μυκάλη (Zl. 53) den Schluß darauf, daß es dort um diesen Aufstand des Amorges und dessen Niederwerfung geht. — **D** Wiedergabe von airan. *Humarga- ,,schöne Wiesen/Fluren besitzend'' (vgl. jav. marəγā-; so bereits NB 14b f., 502; zuletzt Schm, FsNeumann 379 f., mit älterer Lit.), worauf auch gr. Ἀμόργης (s. o.), mit reziproker Fernmetathese aus *Ὀμάργης, zurückgeführt werden kann.

14. lyk. **Kizzaprñna-** m-: **B** °na Nsg., TL 44c, 11. 14; °nã Asg., TL 44c, 15 (Xanthos-Stele). — **P** Tissaphernes (Τισσαφέρνης), des Widrñna- (**29**) Sohn (Zl. 11 f. Kizzaprñna Widrñnah), in Zl. 14 auch ausdrücklich parza ,,Perser'' genannt (wie Zisaprñna in Zl. 1 f.); aller Wahrscheinlichkeit nach ist, trotz Mer, FsPedersen 511 f. A. 4, an sämtlichen Belegstellen dieser beiden Namenformen Kizzaprñna und Zisaprñna (**32**) von demselben Mann die Rede, von dem pers. Satrapen Τισσαφέρνης (†395 v. Chr.), über den Thukydides (wo er 8, 5, 4 ,,στρατηγὸς der unteren [Länder]'' heißt) in Buch 8 ausführlich schreibt, v. a. im Zusammenhang der drei Verträge von 412/411 v. Chr. mit den Peloponnesiern, und von dem für die Zeit des Kyros-Unternehmens von 401 und nach dessen Scheitern Xenophon und Ktesias berichten: vgl. H. Schaefer, RE Suppl. VII (1940) 1579—1599 und neuestens Lewis 83 ff.; Chi, AnatS 31 (1981) 65 ff., mit Lit. — **D** Lyk. Kizzaprñna- versucht wie die Wechselform Zisaprñna- (**32**) ap. *Čiçafarnā (Stamm °nah-) ,,mit strahlendem Glanz'' wiederzugeben, das auch durch gr. Τισσαφέρνης (für dieselbe Person, s. o.), Σ(ε)ισιφέρνης und aram. Ššprn vorausgesetzt wird: vgl. zuletzt Hinz, NÜ 72 (sowie S. 74 zu der Dialektvariante med. *Čiθrafarnah-) und Schm, FsNeumann 380 f., dort auch

zu einer möglichen Erklärung der verschiedenen lyk. Wiedergabe von
*čiça- durch *Kizza-* bzw. *Zisa-*.

15. lyk. Magabata- m.: B *Maǧabatah* Gsg., N 310, 2 (Phellos). —
P Vater des Xlasitini, der „unter der Regierung des *Arpaχχu-* (**2**)" das
Felsgrab mit der Inschrift N 310 erbaut hat. — **D** Nach SCHM, *BNF*
N. F. 6 (1971) 8—11 und zuletzt *FsNeumann* 381 Wiedergabe von iran.
Bagapāta- „von Gott/den Göttern beschützt", das auch in elam.
Ba-ka-ba-(ad-)da, gr. Βαγαπάτης/Μεγαβάτης, aram. *Bgpt* usw. vorliegt
(vgl. v. a. SCHM, *Aisch* 41 f.).

16. lyk. Mede- m.: B °*de* Nsg., TL 37, 3 f. — **P** Erbauer des xanthi-
schen Felsgrabes mit der Inschrift TL 37. — **D** Das sonst unbekannte
N. pr. entbehrt anatolischer Gegenstücke (LAR, *FdX* 5 [1974] 127), ist
aber formgleich mit dem Stammesnamen *Mede* „Meder, medisch", so
daß eine Interpretation als iran. *Māda-* (als N. pr. vorausgesetzt durch
Μῆδος; vgl. SCHM, *Aisch* 56), eigtl. „Meder" (ap. *M-a-d-* = *Māda-*,
KENT 202 s. v.) und ‚N. pr. aus Ethnikon', möglich erscheint (vgl.
neuerdings SCHM, *FsNeumann* 375 f.), auch wenn dies anderweitig nicht
zweifelsfrei abzusichern ist.

Das Ethnikon lyk. *Mede* ist bezeugt in TL 29, 7 *Arttum̃para Mede-se*
„und *(-se)* A. (vgl. **4**), der Meder", vielleicht auch in TL 29, 11; die adjekti-
vische Weiterbildung mit dem lyk. Ethnikonsuffix *-zi* liegt vor in Absg.
Medezedi TL 44a, 37.

17. lyk. Miϑrapata- m.: B °*ta* Nsg., TL 44b, 16 (Xanthos-Stele);
M 138a, 139a (Münzlegenden); Verkürzungen *Miϑrapat* M 139b; *Miϑrap*
M 139c; *Miϑra* M 139d; *Miϑ* M 139e; *Mi* M 139f; die Variante *Miϑra-*
pati Nsg., M 138b—c ist wohl aufzufassen wie *Artuñpari* (s. *Artuñpara-,*
6). — **P** Lykischer Dynast, der wohl nach 385 v. Chr. in Phellos (und
anderenorts) Münzen geprägt hat (OLÇ-MØR, *NC* VII/11 [1971] 26. 28)
und mit dem epigraphisch nachweisbaren *Mizrppata-* (**18**) identisch sein
dürfte. Die immer wieder erwogene Verknüpfung mit dem bei Xenophon
(*Hellenika* 1, 3, 12) erwähnten Μιτροβάτης, Abgesandten des Satrapen
Pharnabazos im Jahr 408 bei Verhandlungen mit Alkibiades (vgl. schon
NB 209a, Nr. 2; neuestens MØR-NEUM 18; CHI, *AnatS* 31 [1981] 65
A. 55, 58 und S. 67; SCHM, *FsNeumann* 381; anders HEUB, *FsMeriggi*
254), hat viel für sich, ist jedoch nicht streng beweisbar. Im übrigen vgl.
CHI a. a. O. 72 ff., 76 f., mit Lit. — **D** Wiedergabe von airan. *Miϑrapāta-*
„von Miϑra geschützt" wie elam. *Mi-ut/tur-ra-ba-da,* gr. Μιτροβάτης

(u. a.), aram. *Mtrpt* (woneben ap. *Miçapāta- in elam. *Mi-(iš-)ša-ba-(ud-)da*, aram. *Mspt*: s. Schm, *ÉtMithr* 418—420, 426): vgl. zuletzt Hinz, *NÙ* 167; Schm a. a. O. 426 f. Nr. 67 mit A. 50; Schm, *FsNeumann* 381 f.

18. lyk. **Mizrppata-** m.: **B** °*tahe* Gsg., TL 64, 2 (Isinda); *Ṃiẓrppatah* Gsg., N 315, 2 (Seyret bei Antiphellos). — **P** Lykischer Dynast, unter dessen Regierung die Gräber mit den beiden Inschriften (die jeweils die Datierungsformel *ẽnẽ χñtaw(w)ata M.* enthalten) angelegt worden sind und der wohl identisch ist mit dem numismatisch reich bezeugten *Miϑrapata* (17). — **D** Variante zu *Miϑrapata* (17); s. dort und wegen der auffälligen Schreibung Schm, *FsNeumann* 382 mit A. 59.

19. lyk. **Ñtarijeus-** (°*eusi-*, °*euse-*?) m.: **B** °*sehe* Gsg., TL 44b, 59 (Xanthos). — **P** Thronname Dareios' II. (424—405/4 v. Chr.; vgl. *IPNB* I, II/19 Nr. 27) gesichert durch Verknüpfung mit N. pr. *Ertaχssiraza-* (12). — **D** Die lykische Stammform *Ñtarijeus-* (woneben der Ansatz eines *e-* oder *i-*Stammes möglich* bleibt: so z. B. Mer, *SMEA* 22 [1980] 218) spiegelt nicht Nsg. ap. *D-a-r-y-v-u-š* = *Dārayavauš* „das Gute festhaltend" (*IPNB* I, II/18 f. Nr. 26) selbst wider, sondern eine haplologisch hieraus vereinfachte Form airan. *Dārayauš (Schm, *Fs Neumann* 376), wie sie auch in aram. *Drywš*, äg. *trjwš*, *intrjwš*, gr. Δαρεῖος usw. vorliegt (vgl. ebenda und zuvor schon Schm, *AÖAW* 110 [1973] 142 f. mit A. 30 sowie Schm, *Aisch* 25 f.).

20. ˌlyk. B' **Rbbine-** m.: **B** °*nezis* Poss. *(-zi-)*, TL 44d, 53 (Xanthos-Stele). — **P, D** Die in völlig unklarem Kontext stehende Form (Kasus?) wird neuerdings wieder als *-zi-*Ableitung** von lyk. *Erbbina-* (10) aufgefaßt von Gusm, *Spr* 10 (1964) 49 A. 37; *ArOr* 36 (1968) 7 (der jedoch von einem [mittlerweile eindeutig widerlegten] ON *Erbbina-* ausgehen will) und Mer, *SMEA* 22 (1980) 260 f. („seguace [o suddito o sim.] di E.").

---

* Von der iranischen Seite her, die hier aber nicht entscheidend sein kann, läge der Ansatz eines (aus dem Nsg. umgedeuteten) *s-*Stammes näher.

** Eine derartige *-zi-*Ableitung (in der Funktion eines Zugehörigkeitsadjektivs) vom Namen des Xerxes (= ap. *X-š-y-a-r-š-a* = *Xšaya-ṛšā*, vgl. *IPNB* I, II/30 f. Nr. 66) hat Gusm, *AION* 3 (1961) 43 A. 3 auch in der Form *seṛsseizijedi* Absg., TL 44b, 32 sehen wollen; dies erledigt sich jedoch schon allein wegen der ungenauen graphischen Wiedergabe (ap. *xš-* ~ lyk. *s-* statt *χss-*).

21. [lyk. **Sppñtaza-** m.: **B** °*za* Nsg., M 128 a; M 214; verkürzt *Sppñ*
M 128 b (Münzlegenden, wohl aus Phellos: vgl. Mør-Neum 14); *[S]-
ppñtazah* Gsg., TL 3, 2 (Telmessos). — **P** Zur Zeit des *Kuprlli*, das heißt
vor ca. 440 v. Chr. Dynast einer lykischen Stadt, vielleicht von Phellos;
ob der Vater des Erbauers des mit der Inschrift TL 3 geschmückten
telmessischen Grabes dieselbe Person ist, muß dahinstehen. — **D** Gegen
wiederholte Versuche einer Herleitung aus dem Iranischen (als Reflex
von airan. **spanta-* „heilbringend" und speziell **Spanta-dāta-* [vgl. jav.
Spəntōδāta-, *IPNB* I, I/76 f. Nr. 288], wie zuletzt Shahb 43 (S. = „an
Irano-Lycian prince") und 151 annahm, oder als Wiedergabe von
*Spādāza- „Heerführer" nach Schm, *KZ* 85 [1971] 43—48; vgl. zuletzt
Schm, *FsNeumann* 386 f.) wendet sich neuestens Carr, *SMEA* 18 (1977)
286 mit A. 23, der eine Berufsbezeichnung lyk. **spand-aza-* „Opferer"
(zu hethit. *išpand-* „libieren, geloben", gr. σπένδω) ansetzt (vgl. Schm,
FsNeumann 387)].

22. ‚lyk. B' **Umrgga-** m.: **B** °*ggazñ* Asg. (Zugehörigkeitsadjektiv),
TL 44 c, 49 (Xanthos). — **P, D** Die in unklarem Zusammenhang (wo
vielleicht von des U. *sbirte-* „Säule, Denkmal [?]" die Rede ist) bezeugte
Adjektivform *Umrggazñ* „die ‚umrggische', die des Umrgga" geht von
der in ‚Lyk. B' regelrechten Entsprechung* zu lyk. *Humrχχa-* (**13**) aus.

23. [lyk. **Urssm̃e-** m.: **B** *Urssm̃e[h]* Gsg., TL 113, 1 (vgl. dort zur
Lesung; nicht vorzuziehen Zgu, *KPN* 382 § 1113)**. — **P** Vater des
Pttar[a]zi (eigtl. „Patarer, Einwohner von Patara", also ‚N. pr. aus Eth-
nikon'), der das limyrische Felsgrab mit der Inschrift TL 113 erbaut hat. —
D Das N. pr. hat keine nähere Beziehung zu *Arssãma-* (**3**), wie früher an-
genommen, sondern ist eher als epichorisch aufzufassen (vgl. Zgu, *KPN*
382 § 1113; Schm, *FsNeumann* 375)].

24. lyk. **Utãna-** m.: **B** °*na* Nsg., TL 44 c, 5 (Xanthos). — **P** Nach der
traditionellen Interpretation der sonst unbekannte Errichter einer Stele
(*se Utãna sttati sttala* „und U. errichtet die/eine Stele"). — **D** Nach der

---

* Zu ‚lyk. B' Ø- ∼ lyk. *h-* vgl. Gusm, *ArOr* 36 (1968) 11 f. A. 59;
Neum, *HbO* I/II/1—2/2 (1969) 379.

** Da *Pttar[a]zi* über der Zeile nachgetragen worden ist und da das
Wort für „Sohn" (lyk. *tideimi*) auffälligerweise fehlt, wäre auch eine Inter-
pretation *Urssm̃e* (ohne *-[h]*) *Pttar[a]zi* „U., der Patarer", die ebendiesen
U. für den Graberbauer selbst ansieht, erwägenswert (so andeutungsweise
schon Sundw 21, 27).

traditionellen Interpretation exakte Wiedergabe von ap. *[U-]t-a[-n]-* (sicher ergänzt) = *Utāna-* „mit guter Nachkommenschaft (??)“ (*IPNB* I, II/27 Nr. 50), das auch in elam. *Ḫu-ud-da-na*, *Ú-(ud-)da-na*, gr. ’Οτάνης (häufig inschriftlich in Termessos) usw. vorliegt (vgl. zuletzt Schm, *FsNeumann* 376).

Die dadurch vorausgesetzte, lange Zeit unangefochtene Auffassung der Stelle TL 44c, 4 f. (an der noch Šev, *MSS* 36 [1977] 128 A. 2 und Mer, *SMEA* 22 [1980] 221 festhalten) ist neuerdings in Zweifel gezogen worden von Lar, *FdX* 6 (1979) 89 A. 9; Gusm, *FsMeriggi* I 227 f., die hinter *utāna* (zu dem sie sich nicht äußern) Satzgrenze annehmen, während Carr, *SMEA* 18 (1977) 301 *Utāna* gar als DLsg. zu ON *Utāna-* „Athen“ versteht.

25. lyk. **Waχssere-** m.: **B** °*er* Nsg. (in verkürzter Form), M 237 (Münzlegende; dazu weiterer Beleg bei Hurt, *FsThompson* 100)*; verkürzt *Waχsse* M 133 b; Verschreibung *Waχssebe* M 208 (vgl. aber dort zur Stelle). — **P, D** Graphische Variante des Dynastennamens, der häufiger in der Form *Weχssere-* (**28**) begegnet.

26. lyk. **Wataprddata-** m.: **B** °*tehe* Gsg.**, TL 61, 2 (Phellos); darnach ergänzt *Wat[aprd]ata*** Nsg., TL 40d, 1 (Xanthos, Payawa-Sarkophag). — **P** Autophradates, ‚persischer Satrap‘ (TL 40d, 1 f. *Wat[aprd]ata χssadrapa pa[rz]a*), der (nach Shahb 146 f.: um 380—370 v. Chr.) den Payawa-Sarkophag mit der ihn abbildenden Audienzszene erstellt hat und unter dessen Regierung *(ẽnẽ χñtawata Wataprddatehe)* das Felsgrab mit der Inschrift TL 61 erbaut wurde; nach der communis opinio handelt es sich um den aus gr. Autoren bekannten Αὐτοφραδάτης, Satrap von Lydien unter Artaxerxes II. (seit den 390er Jahren), zu dessen Amtsbereich demnach (jedenfalls zeitweise) auch Xanthos und Zentrallykien gehörten; Autophradates war im Jahr 362 an dem ‚Großen Satrapenaufstand‘, den er hatte niederschlagen sollen, beteiligt und hat wohl bis gegen 350 v. Chr. gelebt. Zu seiner Person [F.] Stähelin, *RE* Suppl. III (1918) 190 und neuerdings Chi, *AnatS* 31 (1981) 72 ff., v. a.

---

* Das N. pr. des Dynasten dieser Münzen will Mer, *SMEA* 22 (1980) 253 (mit etymologischer Deutung aus dem Lyk.) statt *Waχsser ddim(i)* bzw. *Ddim(i)* wie in TL 44a, 49 (bisherige Lesung *waχsse pddimi*) *Waχssepddimi* lesen. Dies vermag jedenfalls mich noch nicht voll zu überzeugen; im übrigen wird dadurch aber an der Existenz weder von *Waχssere* noch von *Weχssere* gerüttelt.

** Im Stammauslaut „irregolare“: Mer, *SMEA* 22 (1980) 216.

*** Für eine Ergänzung mit -*dd*- scheint der Platz nicht auszureichen: vgl. TL zur Stelle.

74 ff. (mit Lit.); zu den Münzprägungen des OATA = 'Οατα[φραδάτου vgl. J. P. SIX, NC III/14 (1894) 327—330. — D Die lyk. Form gibt, genauer als gr. Αὐτοφραδάτης, ein N. pr. airan. *Vāta-ƒradāta- „vom Wind-(gott) hervorgebracht/gefördert" wieder (vgl. zuletzt SCHM, FsNeumann 382, mit älterer Lit.), wie es auch vorausgesetzt wird durch den Namen mehrerer Kleinkönige von Fārs mp. wtprdt = Wātƒradāt (2.—1. Jh. v. Chr., Münzen: vgl. HEN, HbO I/IV/1 [1958] 25).

27. [lyk. **Wedewi-** m.: B °wiẽ ?, M 148 (Münzlegende). — P, D Auffassung als N. pr. (eines lykischen Dynasten) zweifelhaft; eher entweder „Schreibfehler für wedrewiẽ?" (MØR-NEUM 20) oder Gpl. auf -ẽ eines Ethnikons (vgl. SCHM, FsNeumann 387).

Die Verknüpfung von -dewi- mit iran. *daiva- „Dämon" durch SHAHB 151 ist unhaltbar (vgl. SCHM, FsNeumann 387, mit Lit.)].

28. lyk. **Weχssere-** m.: B °ere Nsg., M 132a, 133a, 207a, 236 (Münzlegenden); verkürzt Weχss M 207b; Weχs M 132b; Weχ M 207c. — P Aus numismatisch-chronologischen Gründen werden zwei verschiedene, namensgleiche, ansonsten gänzlich unbekannte Dynasten postuliert (s. zuletzt MØR-NEUM 6; CHI, AnatS 31 [1981] 66), Weχssere I. (dessen Emissionen in M 207—208 vorliegen und der in die Zeit zwischen 460 und 420 v. Chr. gehört) und Weχssere II., der im ersten Drittel des 4. Jahrhunderts v. Chr. in Phellos bzw. Tlos M 132—133 und M 236—237 geprägt hat. — D Wiedergabe des zweistämmigen Hypokoristikons airan. *Hva-xš-ara- (= ap. *Uvaxšara-) wie auch gr. Κυαξάρης im Gegensatz zu dem in ap. U-v-x-š-t-r- = Uvaxštra- o. ä. (IPNB I, II/27 Nr. 51) vorliegenden Vollnamen (vgl. neuestens SCHM, FsNeumann 382 f., mit älterer Lit.).

Zur Problematik einer Wiedergabe derselben Form durch aphr. Ksuvaksaro- s. dort.

29. lyk. **Widrñna-** m.: B °nah Gsg., TL 44c, 11 f. (Xanthos)*. — P Vater des Kizzaprñna- (**14**); der Name legt die Vermutung der Abstammung aus einem der führenden Perser-Geschlechter nahe (vgl. Dareios' Mitverschworenen Vidṛna [s. u.] und LEWIS 83). — D Exakte

---

* Die Ergänzung [Widrñna]he tideimi „Sohn des W." in TL 44c, 2 (vgl. zuletzt, mit „vielleicht", SCHM, FsNeumann 376) wird durch den zur Schließung der Lücke zu geringen Wortumfang widerraten; sinnvoll wäre sie auch nur bei Nichtidentifizierung von Kizzaprñna- (**14**) und Zisaprñna- (**32**); vgl. MER, FsPedersen 511 f. A. 4.

Wiedergabe des etymologisch ungedeuteten N. pr. ap. *Vi-i-d-r-n-* = *Vidr̥na-* (*IPNB* I, II/29 Nr. 58), das auch in elam. *Mi-tar-na, Mi-tur-na*, gr. Ὑδάρνης, Ἰδέρνης usw. vorliegt.

30. ,lyk. B' **Wizttaspa-** m.: **B** °*pazñ* Asg. (Zugehörigkeitsadjektiv), TL 44c, 48 (Xanthos). — **P, D** Die in gänzlich unklarem Zusammenhang bezeugte Adjektivform („den ,wizttaspischen', den des Wizttaspa") gibt exakt ap. *Vi-(i-)š-t-a-s-p-* = *Vištāspa-* bzw. aav., jav. *Vīštāspa-* „mit (zum Rennen) losgebundenen Rossen" (*IPNB* I, I/97 Nr. 379, II/29 Nr. 59) wieder (vgl. Schm, *FsNeumann* 376 f.), das auch in elam. *Mi-iš-da-aš-ba*, gr. Ὑστάσπης usw. vorliegt. Ob der hier Genannte mit einem der bekannten Namensträger identisch ist, kann nicht entschieden werden.

31. [lyk. **Zaχabaha-** m.: **B** °*ha* Nsg., M 134a—b (Münzlegenden aus Phellos). — **P, D** Die von Gusm, *FsAttisani* 7 vermutete, aber nicht weiter gedeutete Namensform ist von einer falschen morphologischen Zerlegung ausgegangen: *Zaχaba-ha* ist vielmehr wie °*ba-he* M 134c und *Zagaba-h* M 109a, 134d korrekter Gsg. von *Zaχaba-* bzw. *Zagaba-* (auch TL 44a, 42 und in diversen abgekürzten Formen), den Namen zweier verschiedener (vgl. Mør-Neum 6; Chi, *AnatS* 31 [1981] 65 f.) lykischer Dynasten; vgl. Schm, *FsNeumann* 387].

32. lyk. **Zisaprñna-** m.: **B** °*na* Nsg., TL 44c, 1 (Xanthos-Stele); *Zisạ[prñ]na* Nsg., M 221 (Münzlegende; vgl. Hurt, *FsThompson* 100 f., die eine Datierung ca. 400—395 erwägt, etwa gleichzeitig mit *Ddene-wele-* [8]*). — **P, D** Wechselform des Tissaphernes-Namens lyk. *Kizza-prñna-* (**14**) in demselben Text, dem lyk. Teil der Xanthos-Stele, wo *Zisaprñna* Zl. 2 ausdrücklich als *parzza Xbide* „Perser in Kaunos" (so Šev, *MSS* 36 [1977] 128 A. 1) bezeichnet wird; vgl. im übrigen **14**.

* Dagegen meint Chi, *AnatS* 31 (1981) 67 A. 72, daß „it may belong to Tissaphernes' tenure of the satrapy of Caria from 407 to 401 and be directly coupled with the frequent mention of his name on the Inscribed Pillar".

IRANISCHE NAMEN IM LYDISCHEN

1. [lyd. **Abrna-** m.: B °*alis* Poss., Ncomm., G 41, 6 (Falaka). —
P Patronymikon zu N. pr. *Bantakaśa-* (7). — **D** Iranistische Vermutun-
gen bei Gusм, *FsAttisani* II 8 (zu ap. *apara-* „später, nachfolgend"
[N. pr. elam. *Ḫa-ba-ra* = **Apara-*, s. Mн, *OnP* 151 § 8.406?]); vgl.
Gusм, *LWE* 29) und Hinz, *NÜ* 33 (**āpr̥na-* „Faß"?); allgemein skep-
tisch Schм, *BNF* N. F. 16 (1981) 352 (wo weitere Alternativvorschläge
wie **Ā-farnah-*/°*nā*, **Āparna-* [zum Stammesnamen gr. Ἄπαρνοι]); als
epichorisch verzeichnet bei Zgu, *KPN* 46 § 12].

2. lyd. **Artabāna-** m.: B °*alid* Poss., NAntr., G 8, 5 (Sardeis). —
P Da das sog. *li*-Possessivum die Funktion eines Patronymikons hat, ist
anzunehmen, daß *Artabāna-* Vater des uns unbekannten in der verlore-
nen Zl. 4 Erstgenannten der beiden Besitzer des durch die Marmorstele
von G 8 geschmückten Grabes ist. — **D** Exakte Wiedergabe von airan.
**R̥tapāna-* „den Schutz der Wahrheit habend, durch die Wahrheit
Schutz habend" (= elam. *Ir-da-ba-na*, gr. Ἀρταπάνης, Ἀρτάπανος); fern-
zubleiben hat dagegen aus mehreren Gründen airan. **R̥tabānu-* „den
Glanz der Wahrheit habend" (u. a. gr. Ἀρτάβανος, das man häufig ver-
glichen hat); klargelegt wurden die damit zusammenhängenden Fragen
bei Schм, *FsLeroy* 199 ff. (mit älterer Lit.); seitdem vgl. Gusм, *LWE* 33.

3. lyd. **Artakśassa-** m.: B °*aλś* DLsg., G 2, 1 (Sardeis); *Arta[kśass]aλ*
DLsg., G 41, 1 f. (Falaka); *Artakśa.*[G 71, 3 f. (Sardeis; vgl. Gusм,
NESS 6 ff.). — **P** Thronname Artaxerxes dadurch gesichert, daß in
G 2, 2; 41, 2 *qaλmλuλ* DLsg. „König" folgt und in G 2, 1; 41, 1 Datie-
rungen auf das Jahr [lyd. *borlλ* DLsg.] 15 bzw. 16 „unter Artakśassa,
dem König" vorliegen (Datierungsformel auch in G 71); dagegen ist die
Identifizierung des Artaxerxes noch nicht gelungen (dazu vgl. Gusм,
LW 18; Gusм, *NESS* 8 f.; Gusм, *OA* 14 [1975] 272): vielleicht Arta-
xerxes II. (405/4—359/8 v. Chr.) wie (aus archäologischen Gründen) bei
der Stele von G 1, möglicherweise aber auch Artaxerxes III. (359/8 bis
338/7 v. Chr.), jedoch kaum Artaxerxes I. (465—425/4 v. Chr.); vgl. zu-
letzt Gusм, *LWE* 16 f. — **D** Exakte Wiedergabe von ap. *A-r-t-x-š-ç-* =
R̥taxšaça- „(etwa:) dessen Herrschaft/Reich sich auf die Wahrheit grün-

det" (*IPNB* I, II/13 Nr. 11; vgl. seitdem SCHM, *InL* 5 [1979 (1980)] 61 ff.) wie aram. *'rtḫšš* (in der lyd.-aram. Bilingue G 1), gr. 'Αρταξέσσης (GUSM, *LW* 62; GUSM, *LWE* 33) usw.; zu lyk. *Ertaχssiraza-* s. dort.

4. lyd. **Artima-** m.: **B** °*al[is]* Poss., Ncomm., G 42, 3 (Emre); *Aṛ[ti]maḷ-k* Poss., Nsg. (endungslos), G 98, 2 (Alt-Smyrna; vgl. GUSM, *Kadmos* 14 [1975] 151 f.). — **P** In G 42, 3 Patronymikon zu dem fragmentierten Namen auf °*ro-* (*[Ka]ro-*, *[Sa]ro-*, wie bezeugt, o. ä.?) des Besitzers des durch die Marmorplatte von G 42 geschmückten Grabes; in G 98, 2 in unklarem Zusammenhang, aber offenbar durch -*k* „und" verbunden mit dem Possessivum *Karol* zu N. pr. *Karo-* in Zl. 1. — **D** Die Verknüpfung mit N. pr. 'Αρτίμας (z. B. lyd. Satrap nach [Ps.-] Xenophon, *Anabasis* 7, 8, 25) geht zumindest zurück auf BRD, *WZKM* 36 (1929) 297; ob der Name iran. oder epichorisch-kleinasiatisch ist, war lange strittig (vgl. v. a. ZGU, *KPN* 101 § 108-5), doch ist heute die Existenz eines Namens airan. **Ṛtima-* (Hypokoristikon zu den zahlreichen *Ṛta*-Namen) angesichts der weiten Verbreitung in elam. *Ir-ti-ma* (MH, *OnP* 170 § 8.657), bab. *Ar-ti-im*, f. (*-*imā*, f.), aram. *'rtym* (auf Siegeln, Münzen und Inschriften) nicht mehr zweifelhaft (vgl. SCHM, *KZ* 86 [1972] 87 ff.; ZWANZ 66 ff.; HINZ, *NÜ* 218; GUSM, *LWE* 34); daß unter den zahlreichen inschriftlichen Belegen für Αρτ(ε)ιμας, -μης, -μος daneben auch ein ähnliches epichorisches N. pr. vorliegt, bleibt jedoch möglich (vgl. u. a. SCHM, ebenda).

Möglicherweise gehört hierher auch die fragmentarische Form *arṭ[* G 66, 2 (Sardeis; vgl. GUSM, *NESS* 26 f. „A II 2, 2"). — Vgl. ferner die graphische Variante *Artyma-* (**5**).

5. lyd. **Artyma-** m.: **B** (noch unbekannt), G 104 (unveröffentlicht; GUSM, brieflich)*. — **P** (noch unbekannt). — **D** Graphische Variante (vgl. GUSM, *LW* 30 § 2) zu *Artima-* (**4**), also Reflex von airan. **Ṛtima-*.

6. [lyd. **Aśbluva-** m.: **B** *Aśḅluvaś* Ncomm., G 26, 4 (Mersindere bei Sardeis). — **P, D** Steht in unklarem Kontext; für den Fall, daß tatsächlich N. pr. vorliegt, erwog GUSM, *FsAttisani* II 8 eine Verknüpfung mit den zahlreichen iran. *Aspa*-Namen; skeptisch aber schon GUSM, *LWE* 36].

---

* Die Inschrift (dazu vgl. demnächst GUSM, *Kadmos*) findet sich auf dem von D. VON BOTHMER, *CRAI* 1981, 199 f. mit Abb. 5 bekanntgemachten Thymiaterion.

7. [lyd. **Bantakaśa-** m.: **B** °*kaśa[s]* Ncomm., G 41, 5 (Falaka). —
P Durch das nachfolgende *li*-Possessivum *Abrnalis* als Sohn des *Abrna*-
(**1**) charakterisiert; Besitzer des Grabes mit der Votivtafel (o. ä.) von
G 41. — **D** Von GUSM, *FsAttisani* II 6 (vgl. GUSM, *LWE* 40) mit ap.
bandaka- „Vasall, Gefolgsmann" verbunden, das allerdings sonst in der
airan. Onomastik keine Rolle spielt; skeptisch HINZ, *NÜ* 63; SCHM, *BNF*
N. F. 16 (1981) 352 (wegen der unklaren Wortbildung); als epichorisch
verzeichnet bei ZGU, *KPN* 120 § 145 (dort jedoch isoliert)].

8. [lyd. **Bartara-** m.: **B** °*raś* Ncomm., G 40, 2 (Pergamon). — **P** De-
dikant (gr. Παρταρας ebd.) der lyd.-gr. Bilingue auf einer Säulentrommel
des pergamenischen Athenetempels. — **D** Aufgrund von Anklängen an
iran. Namen erwog GUSM, *FsAttisani* II 8 iran. Ursprung (vgl. v. a. ap.
fratara- „erster, vorderer"; s. GUSM, *LWE* 40); anders HINZ, *NÜ* 181
(**Partara-*, zu av. *parət-* „kämpfen"); insgesamt skeptisch SCHM, *BNF*
N. F. 16 (1981) 352; als epichorisch registriert bei ZGU, *KPN* 418 § 1209].

9. [lyd. **Bẽtov-** m.: **B** °*ǫvlis* Poss., Ncomm., G 43, 4 (Eğriköy). —
P Patronymikon zu N. pr. *Mane-*, dem Namen des Dedikanten der Stele
von G 43. — **D** GUSM, *LWE* 41 erwägt Verbindung mit iran. *Bandava-
(das jedoch nicht N. pr., sondern ON ist!); skeptisch SCHM, *BNF* N. F. 16
(1981) 352; als epichorisch notiert bei ZGU, *KPN* 123 § 167 (dort aller-
dings vereinzelt).

Zum Vergleich käme aus dem iran. Bereich eher der Name des Zarathu-
stra-Feindes aav. *Bə̄nduua-* (*IPNB* I, I/31 Nr. 82) in Frage, der jedoch selbst
viel zu unklar und im übrigen anthroponomastisch wenig geeignet ist].

10. [lyd. **Brdun-** m.: **B** °*unlis* Poss., Ncomm., G 50, 4 (Teira/Tire). —
P Patronymikon zu N. pr. *Timle-*, dem Namen des Dedikanten der
Marmorplatte. — **D** Iran. Herkunft und Verknüpfung mit ap. *B-r-di-i-y-*
= *Br̥diya-* (*IPNB* I, II/16 f. Nr. 20) als Hypokoristikon zu demselben
Grundwort iran. **br̥ž-* „hoch" erwägt GUSM, *FsAttisani* II 5 f. (vgl.
GUSM, *LWE* 44); skeptisch SCHM, *BNF* N. F. 16 (1981) 352; als epicho-
risch aufgeführt bei ZGU, *KPN* 127 § 187 (dort allerdings isoliert)].

11. lyd. **Mitrata-** m.: **B** °*alis* Poss., Ncomm., G 23, 5 (Sardeis);
Mitra[talis] Poss., Ncomm., G 24, 1 (Sardeis; zu der Ergänzung vgl.
GUSM, *OA* 14 [1975] 267); °*alis* Poss., Ncomm., G 74 (Siegellegende;
vgl. GUSM, *Kadmos* 11 [1972] 47 f.). — **P** In G 23 und 24 Patronymikon
zu N. pr. *Mitridasta-* (**12**); in G 74 als Name des Besitzers des Siegels:

eś sadmēś Mitratalis „Dies ist das Zeichen des Mitrata“. — **D** Der Name gibt wie bab. *Mi-it-ra-(a-)ta/tu* (vgl. Schm, *ÉtMithr* 419 Nr. 13, 14 und 424 Nr. 52) und gr. Μιθράτης (vgl. Schm, *ÉtMithr* 440 Nr. 158 m. 441 A. 10 und 447 Nr. 205 m. A. 138) iran. **Miϑrăta-* wieder, das ein theophores N. pr. mit GN *Miϑra-* ist (s. schon Benv, *Tit* 104; Gusm, *FsAttisani* 5), aber mehrere Auffassungen erlaubt (**Miϑr-āta-* [so v. a. Hinz, *NÜ* 168] wie av. *Kauuāta-* [*IPNB* I, I/58 Nr. 209] oder aber **Miϑra-t-a-* [so v. a. Zwanz 98] zu Namen wie **Miϑra-tauxma-*), die von Schm, *ÉtMithr* 399 f. ausführlich erörtert werden.

Der Vorbehalt gegen die Zusammenfassung sämtlicher NÜ-Belege unter einer einzigen iran. Ausgangsform besteht weiterhin; die Verknüpfung mit mp. *mtr't-* = *Mihrād* (Siegel; vgl. Gign, *GsNyberg* III 15) würde zugunsten des Suffixes *-āta-* sprechen.

12. lyd. **Mitridasta-** m.: B °*taś* Ncomm., G 23, 5.18; G 24, 1.23; °*ta[λ]* DLsg., G 24, 22; °*s[taλ]* DLsg., G 24, 20 (vgl. Gusm, *OA* 14 [1975] 267); °*taλś* DLsg., G 24, 17. — **P** In den beiden Vertragstexten G 23 und 24 vom sardischen Artemistempel wird *Mitridasta-* eingeführt als *Mitratalis kaveś* „Sohn des *Mitrata-* (**11**), Priester“ (G 23, 5 f.; 24, 1 f.)*; als hoher Würdenträger des lokalen Kults (wahrscheinlich Priester der Artemis) war *Mitridasta-* trotz des iran. Namens nach Zgu, *FsRypka* 397 f. Lyder, kein gebürtiger Iraner. — **D** Unstreitig liegt hierin wie bei dem Namen des Vaters *Mitrata-* ein iran. theophores N. pr. mit GN *Miϑra-* vor; problematisch ist dabei allerdings der zweite, in lyd. *-dasta-* reflektierte Bestandteil, für den seit F. C. Andreas (unter Billigung einer dialektologischen Hybridform) ap. *dasta-* „Hand“ angenommen wird (zuletzt Hinz, *NÜ* 168 „**miϑridasta-* N. pr. (medisch) [so!] . . . ‚Mithra-Hand‘“; vgl. reiche Lit. bei Schm, *ÉtMithr* 409); anders Kli bei Heub, *Spr* 11 (1965) 76 A. 16 (iran. **-dāšta-* zu *dāš* = ved. *dāś* „verehren, opfern, gewähren“) sowie Morg 36; Bog, *IzvAN* 37, 1 (1978) 40 mit A. 15 (iran. **dasta-* = aia. *dattá-* „gegeben“ als Nebenform zu *dāta-*); nach ausführlicher Diskussion ohne Entscheid Schm, *ÉtMithr* 408 f., 429 Nr. 84 mit A. 65 („**Miϑra[:]-da[:]s/šta*“).

---

* An beiden Belegstellen geht dieser namentlichen Vorstellung die Verbalform *ănτĕt* „es verordnet, bestimmt (o. ä.)“ unmittelbar voraus: zur Erklärung dieser exzeptionellen Anfangsstellung des Verbums erwägt Gusm, *FsAttisani* II 9 f.; Gusm, *LWE* 39 (anders noch Gusm, *LW* 73) einen syntaktischen calque nach der geläufigen ap. Redeeinleitungsformel des Typs *ϑātiy Dārayavauš xšāyaϑiya* „es kündet Dareios, der König“.

13. [lyd. Śakarda- m.: **B** °*al* Poss., Nsg. (endungslos), G 54, 2 (Magnesia am Sipylos). — **P** Patronymikon zu N. pr. *Atraśta-*, dem Namen des Stifters der Marmorstele von G 54. — **D** Nach Gusм, *FsAttisani* II 7 iran. Kompositum mit Vorderglied *Saka-* „Sake" (elam. *Ša-ak-ka*, gr. Σάχας: Mн, *OnP* 229 § 8.1478) und Hinterglied *ɤta-*; diese Interpretation ist aus morphologisch-semantischen Gründen abzulehnen; als epichorisch verzeichnet bei Zgu, *KPN* 451 § 1357a (dort allerdings isoliert)].

IRANISCHE NAMEN IM PHRYGISCHEN

1. [aphr. **Arejasti-** f.: **B** °*in* Asg., A 7 a (nahe Midaion/Yazılıkaya). —
P, D Wahrscheinlich Frauenname (wegen vorangehendem *materan*
„Mutter"; allerdings ist der Kontext, trotz D'JAK-NEROZ, *Balt* 195, un-
klar; ein Ethnikon erwägt NEROZ, *PBJ* 78); die früher vorgeschlagene
iranist. Deutung von *Arezasti-* (v. a. HAAS, *Phr* 193) ist durch die Um-
interpretation des 4. Zeichens als *j* und die Lesung *Arejasti-* eindeutig
widerlegt (s. SCHM, *Spr* 19 [1973] 49—52)].

2. [nphr. **Αρεοπαδε-** f.: **B** °εν Asg., C 69, 3—5 (nahe Laodiceia
Combusta). — **P, D** Die aus dem in *scriptio continua* geschriebenen Text
herausgegriffene Zeichenfolge Αρεοπαδεν ist von HAAS, *Phr* 107 f. (ver-
teidigt von HAAS, *BalkE* 19, 4 [1976] 57—65) zusammen mit der in dem-
selben Kontext (Zl. 9 f.) überlieferten Form griech. Αλενπατης (aus
vielerlei Gründen gleichfalls problematisch) auf iran. *Ariyapātā, f.
(o. ä.; jedenfalls nicht zu °*pātar-*) zurückgeführt worden; dieser Vor-
schlag bleibt schon wegen der willkürlichen Wortabtrennung (vielleicht
vorzuziehen επειραρε [= gr. ἐπήραρε] οπαδεν) und der Unverständlich-
keit des Textes gänzlich hypothetisch (s. SCHM, *Spr* 19 [1973] 52—54)].

3. [aphr. **Asaka-** m.: **B** °*kas* Gsg. oder Nsg., A 77a. — **P, D** Der
zuerst von LEJ, *Kadmos* 9 (1970) 74 richtig gelesene Graffito auf einem
Pithosfragment (4./3. Jahrhundert) aus Gordion enthält wohl einen
Eigennamen (Besitzerinschrift?), der offenkundig iran. Aussehen hat;
daß tatsächlich ein Hypokoristikon ap. **Asaka-* widergespiegelt wird
(= elam. *Aššaka*, s. MH, *OnP* 130), ist jedoch unbeweisbar].

4. [aphr. **Ksuvaksaro-** m.: **B** Ψuva Ψaros Nsg., A 40. — **P, D** Der in
den Boden einer Schale des späten 6. Jahrhunderts aus Gordion nach
dem Brand offenbar als Besitzerinschrift eingeritzte Name wurde zu-
erst, allerdings mit der nicht haltbaren Lesung „*kᶜuvakᶜaros*", von
HAAS, *BalkE* 19, 3 (1976) 80—82 mit ap. *U-v-x-š-t-r-* = *Uvaxštra-* o. ä.
(*IPNB* I, II/27 Nr. 51) verbunden und mit gr. Κυαξάρης (als Wieder-
gabe eines hypokoristischen **Huvaxš-ara-*) identifiziert; unter Lesung
von Ψ als *ks* (D'JAK-NEROZ, *Balt* 171 u. A. 10; LEJ, *ASNP* 8 [1978]

783 ff.) sieht LEJ a. a. O. 787 den Versuch einer Wiedergabe von *Hu-vaxš-ara-* (mit regressiv-assimilatorischer Vorwegnahme der Inlaut-gruppe wegen des Fehlens eines Phonems aphr. /h/) als möglich an. Zu lyk. *Weχssere/Waχssere* usw. s. dort.

Der gleiche Name liegt möglicherweise auch, als Ψuv = *Ksuv(aksaro-)* abgekürzt, in einem unpublizierten Graffito („G-224-c") auf einem Terra-kottagefäß (4. Jh.?) vor (s. LEJ a. a. O. 783)].

5. [nphr. **Μιτραφατα-** m.: **B** °τα oder °τα(ι) Dsg. (?), C 48, 3 (Dory-laion). — **P, D** Die schon von P. KRETSCHMER bei H. VON PROTT, *MDAI-A* 23 (1898) 363, neuerdings (gegen HAAS, *Phr* 55 f., zuletzt HAAS, *BalkE* 19, 3 [1976] 49—68, der zwei GN Μιτρα Φατα-κε annimmt) von SCHM, *Spr* 19 (1973) 56—58 (vgl. SCHM, *ÉtMithr* 411 f.) und NEROZ, *PBJ* 127 erwogene Lesung Μιτραφατα mit gleichzeitiger Interpretation als N. pr. iran. *Miϑra-pāta-* „von Miϑra geschützt" (= gr. Μιτροβάτης, lyk. *Mizrppata-* [s. dort] usw.) bedarf noch der Absicherung durch eine genaue und vollständige Deutung des Gesamtzusammenhanges].

REGISTER

1. IRANISCH

1.1. Uriranisch; unbelegtes Altiranisch

Die Reihung entspricht dem lateinischen Abc; a/ā/ằ, r/ṛ werden nicht unterschieden und č/ç nach c, š nach s, ϑ nach t eingeordnet.

1.2. Avestisch

2. NEBENÜBERLIEFERUNGEN IRANISCHEN SPRACHGUTES

2.1. Elamische Nebenüberlieferung

2.2. Babylonische Nebenüberlieferung

2.3. Lykische Nebenüberlieferung

2.4. Lydische Nebenüberlieferung

2.5. Griechische Nebenüberlieferung

2.6. Aramäische Nebenüberlieferung

Die Reihung entspricht dem lateinischen Abc; ' wird als *a* eingeordnet.

2.7. Ägyptische Nebenüberlieferung

3. NICHTIRANISCHE INDOGERMANISCHE SPRACHEN

3.1. ALTINDOARISCH

3.2. HETHITISCH

3.3. LYKISCH

3.4. LYDISCH

3.5. KARISCH

3.6. PHRYGISCH

3.7. GRIECHISCH